Merci à Renaud de Saint Mars pour sa collaboration,
ainsi qu'à Guy Boubault
et l'association Non-Violence Actualité,
et à l'école de la Pommeraie de Chambéry-le-Haut
pour leurs recherches.


ISBN : 979-1-0363-2655-4
Dépôt légal : février 2021
Deuxième tirage - septembre 2021

Loi 49-956 du 16 juillet 1949 sur les publications destinées à la jeunesse.
Imprimé par GPS en Slovénie

FSC
www.fsc.org
MIXTE
Papier issu de
sources responsables
FSC® C118234

DOMINIQUE DE SAINT MARS • SERGE BLOCH

# Le petit livre pour dire NON ! à la violence

bayard jeunesse

# Pourquoi ce petit livre ?

Chère lectrice, cher lecteur,

Ok, il n'y a pas de vie sans bagarres, chacun essaie d'avoir sa place et de s'en sortir au mieux, chacun a ses idées, ses envies, ses intérêts… C'est pour les défendre ou pour les imposer qu'on se bat aux quatre coins du monde ! Mais comment répondre à la violence, cette force brutale, autrement que par la vengeance, les injures et les coups ?

Dans ce livre dessiné par Serge Bloch,
**je m'adresse à toi qui es violent(e) :**
Pour que tu comprennes d'où vient ta violence, comment elle a pu s'installer dans ta tête… Vouloir dominer les autres ou leur faire du mal n'aide pas à aller mieux ! Mais pourrais-tu devenir le (la) plus fort(e) en osant dire ce qui te fait souffrir, en ne voulant pas toujours avoir raison, en ne te sentant pas trop vite attaqué(e) ?
Si personne ne te montre ce qui est bien et mal, sois ton propre gendarme ! Ne tape pas pour un oui ou pour un non, laisse ta colère se refroidir, pense aux risques de punition et surtout à la douleur des autres…

**Ou à toi qui souffres de la violence des autres :**
Pour t'aider à ne pas te laisser faire. Pour faire respecter tes droits et te défendre par la parole, la négociation, l'humour… et même par la force !

**Et à toi qui es témoin de violence :**
Pour dénoncer la violence et empêcher ce qui est interdit… En parler, c'est déjà protéger !

Il y a de la violence partout dans la société. Et si les enfants montraient que la violence, ce n'est pas automatique !? La vraie force, c'est d'arriver à dominer sa peur, sa colère, sa violence, pour marcher tous ensemble, en respectant les lois intelligentes de liberté, d'égalité et de fraternité de notre République… et en gardant le goût de vivre !

Dominique de Saint Mars

# Petit avertissement

Ce livre pour dire **NON** n'est pas fait
pour que tu te laisses marcher sur les pieds,
mais pour que tu comprennes
d'où vient la violence
et que tu essaies de te défendre autrement.

On a le droit de se battre
pour se défendre, pour se mesurer
ou s'amuser, c'est l'énergie, c'est la vie !
Mais, parfois, on va trop loin,
on ne se contrôle plus, on veut faire mal,
on casse… ça n'est plus drôle du tout !

**Ça, c'est de la violence.**

J'ai le droit
de me défendre!

# La violence existe depuis **toujours**

Nos ancêtres de la préhistoire
se battaient par nécessité contre la nature
et contre les animaux, pour survivre.
Ils se battaient entre eux pour conquérir de nouveaux
territoires et pour défendre ce qu'ils possédaient.

Aujourd'hui encore,

# il y a de la violence dans le monde :

physique, verbale ou psychologique.

# La violence, ça commence **tout petit...**

Les bébés ne savent pas
ce qu'ils ont le droit de faire.
Ils sont violents
si on leur répond violemment.

Les petits deviennent agressifs
quand ils ont peur
ou quand on leur prend
ce qu'ils ont.

Ils ont des tas d'envies,
mais ils ne savent pas les exprimer
avec des mots.
Alors, ils tapent, ils crient…

En grandissant et en jouant,
les enfants apprennent
à contrôler leurs gestes,
à parler, donc à vivre avec les autres.

Pourtant, même
quand on est grand,
**il arrive qu'on soit
violent...**

Voilà des situations où un enfant
peut en arriver à détester les autres
et à être violent avec eux, ou avec lui-même…

# Valentine peut devenir violente **quand elle se sent rejetée**

Il suffit d'un rien à Valentine
pour sentir qu'elle est différente,
que les autres pensent du mal d'elle,
ou qu'elle est exclue du groupe.

C'est dur de se sentir différent.
On se sent comme un loup solitaire,
prêt à mordre ou à harceler un plus faible
pour montrer qu'on existe !

## Mathis peut devenir violent
# quand il veut faire comme à la télé

Vingt morts par film à la télé !
On oublie que, dans la réalité, la mort c'est grave,
et on prend l'habitude de ne pas réagir...

À l'école, Mathis a envie d'imiter
les héros violents, et la nuit,
il fait des cauchemars !

Fanny peut devenir violente

# quand elle se sent insultée

Ce n'est pas juste ! Elle est sûre d'avoir raison, et elle se sent attaquée quand on ne respecte pas ses idées, sa famille ou sa religion.

Alors, Fanny ne se sent pas respectée, et elle n'a plus envie de respecter rien ni personne !

Karim devient violent

# parce qu'il ne veut pas obéir

Comme ses parents ne lui disent pas
ce qui est interdit, et ne lui disent jamais non,
c'est dur, pour lui, d'obéir à des règles.

Et quand il n'a pas tout ce qu'il veut
tout de suite, Karim cherche la bagarre !

## Roman peut devenir violent
# quand on se moque de lui

Roman n'a pas confiance en lui.
Il se sent rejeté.
Il se trouve minable de ne pas réussir.
Mais pas question de protester,
il serait encore plus ridicule.

Alors, Roman se venge de ce harcèlement,
de ces moqueries qui lui font si mal.

Louna peut devenir violente

# quand elle est jalouse

Quel supplice d'être jalouse !
Surtout qu'elle n'ose pas le dire.
Louna souffre d'avoir moins d'amour,
de jouets, d'amitié que les autres,
elle se sent de trop...

La jalousie est un volcan brûlant
prêt à exploser !

## Liang peut devenir violent **quand il se sent coupable**

Quand ses parents lui font tout le temps des reproches, il sent qu'il ne leur fait pas plaisir. Et s'ils sont énervés, même pour autre chose, Liang croit encore que tout est de sa faute.

Facile alors de se détester ou de détester tout le monde !

# Fatou peut devenir violente **quand elle ne sait pas quoi dire**

Dur de trouver ses mots
quand on est étranglée par la colère ou par la peur !
Elle en oublie sa raison et son esprit critique.

Et comme elle n'arrive pas à expliquer
ses sentiments, Fatou se met à crier et à menacer.

Diego peut devenir violent
# quand on l'attaque

Diego veut se défendre.
Il n'a pas envie de se laisser faire, d'avoir mal, de se faire prendre ce qu'il a.
Il n'y a pas de raison !

S'il ne réfléchit pas, s'il ne trouve pas d'autres solutions, Diego risque de répondre à la violence par la violence.

## Sarah peut devenir violente
# quand on décide de tout à sa place

Toujours forcée de se dépêcher... ou de se calmer !
On ne lui fait pas confiance. On a peur pour elle.
Sarah ne se sent jamais la cheffe de sa vie.

Au lieu d'en parler,
ou de chercher d'autres moyens d'être libre,
elle explose !

## Zoé peut devenir violente

# quand ses parents ne s'occupent pas assez d'elle

Zoé est souvent seule, un peu oubliée
par des parents qui ont des problèmes,
ou qui n'ont pas le temps pour les câlins
et les compliments.

Elle a envie de tout casser pour attirer leur attention...
Ou de cacher cette violence
au fond d'elle, en étant triste.

## Tim peut devenir violent
# quand ses parents le battent

Les parents sont parfois violents,
quand ils ne savent pas exprimer
autrement leurs problèmes
ou bien s'ils ont été eux-mêmes maltraités.

Tim leur en veut, mais il n'ose pas leur en parler.
Alors, il se venge sur d'autres.
Il fait comme eux, quoi !

Tu as compris,
la violence qu'on donne, c'est souvent
la violence qu'on a reçue,
et dont on n'a pas réussi à parler…

**La violence, ça rend seul,
ça enferme
comme une prison.**

Insulter ou taper,
c'est pire que frapper sur les murs.
On se fait mal aux poings
et, en plus, on fabrique
de l'envie de vengeance chez les autres !

Voici des conseils pour sortir
de cette prison, pour te défendre
autrement si tu es attaqué…
et dire **NON** à la violence !

# Si tu es agressé ou menacé… À l'école ou dans la rue…

## Parle de la violence qui te fait souffrir, à tes copains ou à des adultes.

Ton silence ne t'aide pas.
Ta parole aidera ceux qui n'osent rien dire.

Parle à la maîtresse après la classe
ou en conseil des enfants, ne laisse pas faire.

## En cas de harcèlement, ne reste pas seul !

Si tu subis des humiliations et des moqueries à répétition, parles-en. Si tu en es témoin, ne laisse pas faire ! On n'a pas le droit de faire souffrir quelqu'un en faisant semblant de jouer. En parler, ce n'est pas rapporter !

## En cas de bagarre, cherche un médiateur !

Qu'il soit enfant ou adulte, un médiateur peut vous aider tous les deux, à dire ce que vous ressentez, à vous écouter et à trouver une solution. Tu deviendras peut-être un jour toi-même médiateur.

# ... À la maison...

Si tu ne dis rien, on ne peut pas savoir ce qu'il y a dans ta tête. Raconte tes peurs ou tes colères à quelqu'un de ta famille ou de ton entourage.

# ... Ou sur Internet.

# Si on ne t'écoute pas,
## trouve d'autres personnes

Parle à un adulte, parent, grand-parent, professeur, médecin, directrice, commerçant, policier, etc. Il doivent te protéger : la violence est interdite par la loi, chez les enfants comme chez les adultes.

La police et la justice existent pour protéger les victimes, empêcher la vengeance personnelle et obliger l'agresseur à réparer le mal qu'il a fait.

Trucs pour s'en sortir

# Pour ne pas te disputer...

## Réfléchis,

essaie de savoir pourquoi tu te disputes, si ça en vaut la peine, s'il n'y a pas un malentendu.

## Négocie,

cède un peu, même si c'est dur pour l'orgueil.

## Écoute

et essaie de te mettre
à la place de l'autre.

## Ne vexe pas ton adversaire

Il ne supportera pas d'avoir perdu
si tu n'as pas de respect pour lui.

Trucs pour s'en sortir

# Pour te défendre autrement…

Si ce n'est pas trop grave, **détourne l'attention**, un mot rigolo ou un petit compliment peut éviter de gros bobos !

Dis-toi que celui qui est violent est peut-être **malheureux** et qu'il ne peut pas être gentil pour le moment.

Montre que tu n'as pas peur **en restant calme**, l'autre a peut-être aussi peur que toi.

Ou alors, si tu ne veux vraiment pas te bagarrer, **fuis à toute allure** !

# Pour être bien dans ta peau…

Fais un sport de groupe
pour jouer avec des règles.
Apprends le judo ou la boxe
pour savoir te défendre.

Dessine,
fais de la musique
ou du théâtre pour dire
ce que tu ressens.

Mange cinq fruits et légumes
par jour. Bois de l'eau.
Et réduis le sucré et les écrans,
ça énerve !

Dors suffisamment !
C'est bon
pour l'équilibre !

**Jouer, rire, chanter…
ça calme aussi !**

Petit test à faire

# Alors, face à la violence…

- ❒ Tu la laisses te mener par le bout du nez ?
- ❒ Tu la subis ?
- ❒ Tu la rends ?

**Quel dommage, tu es piégé !**
**Relis vite ce livre !**

# Qu'est-ce que tu choisis ?

- ❒ Tu en parles et tu la comprends ?
- ❒ Tu la contrôles ?
- ❒ Tu la rends ridicule ?

**Bravo, tu sais te défendre,**
**tu es le plus fort !**

# Les contacts les plus utiles

**Si toi ou quelqu'un que tu connais est violent ou victime de violence, et si tu n'arrives pas à en parler à une personne de confiance, tu peux appeler ces numéros de téléphone pour te faire aider :**

**119 - Allô enfance en danger,**
un numéro gratuit que chaque enfant peut appeler 24h/24, toute la semaine, pour l'écouter et l'aider.
Plus d'infos sur le site : **www.allo119.gouv.fr**

**3020 - Non au harcèlement,**
pour les victimes ou témoins de harcèlement à l'école, et leur famille,un numéro gratuit et ouvert tous les jours sauf le week-end.
Plus d'infos sur le site de l'Éducation Nationale :
**www.nonauharcelement.education.gouv.fr**

Si tu as besoin d'être écouté et d'enregistrer une plainte, tu peux t'adresser au **commissariat de police** ou à la **gendarmerie** de ta ville.

# La collection